# 가벼운 먼지들의 언어

## 이금미 시집

*이 도서는 광명시의 행·재정 지원을 받아 제작된 도서입니다.

**도서출판 예사랑**

■ 시인의 말


나는 길에서
지렁이를 만나고 안개를 만나고
신선한 메타포와 시를 만난다
그래서 나는 길을 좋아한다

때로는 사람도 길이라는 생각을 한다
세상 가장 많은 길은 제각각 걷는 사람들이 아닐까
지천명을 받고 보니 새삼 사람들이 소중하다
3년전 아버지가, 작년에 시어머니가 먼 길을 떠나셨다
작별의 말 한마디 나누지 못한 것이 안타깝고 슬프다
살갑고 애틋한 말 없었지만 문득문득 그리운 생각에
울컥해질 때 있다
곁에 있을 땐 서운한 것만 앞세우고
곁에 없으면 비로소 그리워지는가 보다
앞서거니 뒤서거니 누구나 가는 길이지만
사람이 가는 가장 두렵고 먼 길 아닐까

2집을 준비하면서 마음으로는 수 십 편을 썼지만
막상 정리하려니 초라하다
시집 발간한답시고 조바심내는 모습 묵묵히 지켜봐 준
가족, 지인들께 감사 드린다
특히 부족한 글 따뜻한 격려로 보듬어 주신
김병중 선생님께 무한 감사를 드린다.

2017년 12월 철산문방에서

이 금 미

# 차 례

■ 시인의 말 · 2

## 제 1 부  무궁화 꽃이 피었습니다

감자꽃 _ 10
계절마다 부는 바람 _ 11
고수동굴에서 _ 12
골목길 _ 14
금강정사에서 _ 15
남자 인형 _ 16
다육이를 읽다 _ 18
민화를 그리다 _ 20
백봉이 육아일기 _ 22
무궁화 꽃이 피었습니다 _ 25
거울아 거울아 _ 26

## Contents

모래 속의 안경 _ 28
내 안의 초침 _ 30
물의 노래 _ 32

### 제 2 부  노을에 서서

삼월이면 생각나는 사람이여 _ 34
새댁이 되다 _ 36
새터물로 오너라 _ 38
아버지 · 1 _ 40
아버지 · 2 _ 41
아버지의 냉장고 _ 42
어떤 사마리아인 _ 44
전철 타고 가신 어머니 _ 46
나무로 살고 싶은 이유 _ 51
어머니의 김치 냉장고 _ 52

## Contents

자화상 _ 54
소원 하나 _ 55
노을에 서서 _ 56


### 제 3 부  그날의 달빛이 그리울 때

타인의 일상 _ 58
티비를 끄지 못하는 남자 _ 60
하루살이 _ 62
길을 되돌아오지 않는다 _ 63
후회 · 1 _ 64
후회 · 2 _ 68
담쟁이 _ 71
그날의 달빛이 그리울 때 _ 72
나비야 아직은 _ 74

## Contents

달아 노피 곰 돋아샤 _ 76
동화책을 보다가 _ 78
돈 세탁 _ 79
꽃씨는 오고 싶었다 _ 80
기억 한 장 _ 81
가을 풍경 _ 82

### 제 4 부   연등을 밝히며

봄 바람 _ 84
석양 _ 85
걱정 수집 중 _ 86
세월 인양하다 _ 88
짝을 잃고 _ 90
창문앞 은행나무 _ 92

## Contents

지렁이 _ 94
연등을 밝히며 _ 95
콩코니 _ 96
광명에 사는 친구 _ 97
꽃씨 발아를 꿈꾸다 _ 98
엄마 꽃씨 _ 99
허수아비 _ 100
A Figurehead _ 101
시를 찾아서 _ 102
Seeking After A Poem _ 103

■ 작품해설 · 104

제 **1** 부

무궁화 꽃이 피었습니다

# 감자꽃

세상 아름답지 않은 꽃이 없지만
감자꽃만큼 군침 도는 꽃이 있을까
밥풀이 손잡고 돌 듯
감자꽃 하나 둘 다퉈 피면
감자는 분명 땅 속에서 산란 중이다
포근한 흙 속에
속살 속 비밀 뿌리가 굵어갈 즈음
허기는 당분간 마실 중이고
성급한 포만감이 목안에
굵은 감자알 같은 우물을 판다
산비탈 감자밭에
하양, 보랏빛들이 수다로 재잘거리면
종종걸음으로 달려온 이마에도
후후 더운 숨 삼키는 가마솥에도
뜨거운 감자바우 바람이 분다

## 계절마다 부는 바람

지천명에 이르고서도
쉽게 들춰지는 가벼움에 진저리칠 때 있다
여미고 또 여미어도 새어드는 바람
그 술렁거림
작은 항아리에 꼭꼭 눌러 두고
그래도 싱숭거리면
떠난 적 없는 사랑 찾아 나서고 싶다

오래 머무름 없이
기다리는 방
혼자 떠도는 먼지가 그리워지면
태양과 바람에 씻긴
메마른 귀가를 하고 싶다

## 고수동굴에서


깊은 동굴 속에서
차가운 물 한 방울 정수리에 뚝!
찜 당하고
나는 선듯 깨어나 생명이 되었다

어둠을 훑고 온 시간 한 방울
투명한 파이프 오르간 타고 내려오면
가부좌 틀고 앉아 온 몸으로 받아 마시고
전율하며 일어서는 세포들
당신을 향해 한 뼘 다가서는데
수천 년 가볍게 흐르고

종유와 석순
얼마나 오진 인연이라서 이리 캄캄한 어둠 속에서도
오차없이 물로 쓰다듬으며
서로를 향해 돌로 자라는 걸까
눈앞에 두고 촌음이 흐르고

비로소 석주가 되는 날
평생 마르지 않는 서로의 물길이 되니
억겁의 어둠도 한 찰나일 뿐

# 골목길

산도(産道)
세상의 첫길

따라오라는 손짓 없이
끊임없이 나를 불러 내
큰 길로 밀어 내고

방황하던 손 끌고  와
지친 어깨 토닥여 들여보내던
허기진 저녁 감잣국 냄새
멀리까지 마중을 나오고

돌아오지 않는 발길
뜬 눈으로 기다려 주던

언젠가 돌아갈
항상 내 앞에 있는 길

## 금강정사에서

비워도 비워도 또 다시 채워지는 그릇들
탐욕의 시간들은
가장자리마다 층층 겹겹
두터운 나이테를 만들고
짧은 머무름에도 집착은 산 같아
감당 못할 아집만 주워 담는다
한 움큼 덜어 낸 욕심만큼
한 눈금 가벼워지는 번뇌
고운님 수고로움
마알간 물에 비춰오는
발우공양

# 남자 인형

초등학교 운동회 연습하던 날
청백팀 남녀 인형꾸미기 시합을 하는데
백팀은 입 크고 못생긴 남자 인형
청팀은 예쁜 여자 인형
고운 색동옷이 입고 싶었던 나는
남자 인형을 안하겠다 고집을 부렸다
선생님은 운동장에서 머리를 콩콩 때렸고
그대로 선 채 한 참을 울 나무 그늘로 가려는데
이눔의 시키
더 큰 고함소리
우느라 집합하라는 소리를 못들었고
어느새 백팀 아이들 내 뒤에
줄을 서고 있었던 걸 몰랐다
그날
엎드려 한 대씩 더 맞고 단체 기합
운동회 날 더 이쁘게 그려진 남자 인형 눈 코 입

남자 인형 분장 기꺼이 해내고
선생님이 교단아래서 흐뭇한 미소 짓더라는
친구 이야기

# 다육이를 읽다

삶의 흔적을 온 몸에 간직하고 있어
연륜과 여유가 묻어나는 분재처럼
작고 오밀조밀 야무진 모습이 좋아서
베란다 창틀에 다육이를 들였다

햇볕 잘 드는 곳에  놓고 물을 아껴주니
짱짱하고 튼실하게 잘  크는 듯하지만
예쁜 꽃 기대는 좀처럼 풀리지 않아도
그래도 다부진 모습이 자식 커가는 모양으로 좋다

애초에 조상에게서 받은 명은
혹독한 삶을 견디라는 것인데
실내에서 한 번 거른 햇볕과
바람 없는 평온한 땅에서는 꽃 피우는 게 쉽지 않더라

척박한 대지에
밤이면 얼음장 내려와 코끝이 얼고

낮이면 건조한 태양이 머리 위까지 내려와
심장을 태울 듯한 위협을 이겨 내며
물 한 모금을 이슬에서 강인함을
엿보고 싶은 사람들 옆에서
그저 화초로만 사는 게 익숙하지 않은가 보다
가끔 흔적 없이 녹아 없어지는 것들을 보며
부족한 보호자라서 참 미안하다

# 민화를 그리다

최첨단 3D 복사기를 두고도
붓으로 옛 선인의 그림을 모사하다

새해를 맞아 세화(歲畵)를 걸어두니
시집간 누이의 봉숭아 찾아오고
사임당 초충도 흉내로
맨드라미도 벼슬을 하는구나

선비의 마음을 담아 책가도와 황계도를 세우니
부부침실의 화조도와 어해도가 평화롭네

아들의 앞날을 기원하며 약리도를 올리고
비로자나불이 거처하는 비로봉도를 바라보니
만물의 근원 만병도에
부귀영화가 모란으로 피어나고

군왕의 일월오봉도를 보며

십장생도를 그리니 이상향이 거기 있고

삶의 환희를 담아 평생도를 그리니
행복한 인생 곽분양행락도가 완성 된다

## 백봉이 육아일기

지난 가을 병아리 조금 지난 백봉을 사왔다
겨울나기는 좀 어려 걱정했는데
이른 봄 추위가 가시기 전에
여러 암탉이 동시에 알을 낳는다
귀족 같은 백봉은
보통의 닭보다 작고 발등에도
하얀 털이 있어 품위가 있어 보인다
바닥과 널빤지 위 벽돌 위
둥지 셋을 만들어 놓으니
날마다 예닐곱 개

몇 번을 꺼냈을까
닭들은 낳은 알의 갯수를 가늠하는지
각자 둥지를 품더니
알을 더 이상 빼앗기지 않겠다는 듯
먹지도 않고 둥지에서 나오지 않는다
심심하지 않을까

목마르지 않을까
물 한 모금 떠서 가까이 주니 먹지는 않고
아래 눈꺼풀 위로 깜박깜박
생각 많은 진지한 얼굴
세상 모든 엄마정신은 숭고했다

짜안한 감동 며칠
병아리 한 마리가 둥지에서
엄마등 타고 놀다 품속 파고들며
탁란 계속되면 병아리들 무리로 나오겠지
다음날 심심한 병아리 둥지 밖으로 툭 떨어지니
어미닭 알 품는 것 포기하고
그만 둥지 밖으로 나와 날개를 턴다
어라?
남은 알이 열 개가 넘는데
버려진 알이 아까워 다른 둥지에 밀어 넣으니
그 놈도 며칠만에 병아리 두 마리 데리고 알을 포기했다

세 번째는
작은 등치로 다 품지 못할 만큼 알을 떠맡고는
알마다 골고루 체온을 주기 위해
몸을 이리저리 움직이며 생고생이더니
셋째 역시 두 마리 병아리를 데리고 부화를 끝낸다
이십여 개의 알
세 마리가 품어 병아리 다섯 마리
그런데 병아리들이 엄마가 헛갈리는지 갈팡질팡이다
알 속에서도 엄마 소리를 알아들었을까

그날 이후 엄마 셋은 공동육아하기로 했는지
어떤 엄마는 빈둥대기도 하고
어떤 엄마는 병아리 앞에 열심히 먹이를 쪼아 놓는다

어른 닭 한 마리 없는 조그만 하우스에서 겨울을 나고
스스로 알을 낳고 품어 병아리들의 엄마가 된
백봉 엄마는 위대했다

## 무궁화 꽃이 피었습니다

더위가 익어갈 무렵
마을 어귀에서
고향을 버려 본 적 없는 순백의 절개와
하늘이 찢기는 날에도 피었던
단심의 정열이 피었습니다
들판을 휘감고 도는 냇물
해도 따라 흐르고
달도 따라 흐르고
어귀에서 떠들던 아이들도 흘러가고
물은 되돌아 흔른 적 없지만
냇물은 냇물이 아닌 적 없습니다

철 지나면 희고 붉은 꽃 지듯
한 세월 생채기로 가지 않고
지면 또 피워 내는 무궁의 힘
그 이름 천만년 지지 않을 가슴에
오늘도
무궁화 꽃이 피었습니다

## 거울아 거울아

딱 한 번만이라도!
통사정
절대 들어 준 적 없지
차갑기는 겹겹 통유리

가끔 뜬구름 태워 주기도 하지
사람들은 나를 보고 웃고 있었지만
차라리 나도 그렇게 속고 싶었지

숨은 자존심까지 친절히 보여 주고
어떤 날엔
초조한 속내까지도 고해상으로 까발릴 때도 있지
그렇다고 이마에 꺾쇠를 그리진 마셔

때로는 무작정 끌고 나가
깊은 산 속을 헤매게 하고
낯선 도시로 데려가 방황도 시키지

안개 자욱한 날 외출에서 돌아와
막무가내 따지면
낯선 얼굴  보여 주고 웃어 줄 때도 있지

울어도 먼저 위로해 주는 법 더욱 없는 당신
그래도 절대 포기 못하지

당신을 통해서만 나를 볼 수 있으니까요

# 모래 속의 안경

피서가 끝난 백사장
모래 속에 반쯤 박힌 안경 하나
오래도록 헤어나지 못할
지독한 사랑이었나 보다

한 쪽 눈은 캄캄한 모래 속에서
밤마다 피눈물 토하겠지만
다른 눈은 짠물에 눈을 뜨고
떠나가는 사랑을 보았을 것이다

한 때는 너 없는 세상 두려워
두 눈 감았지만
우리의 모래성은 사라지고
나는 남았다

가장 소중한 것들이
눈을 뜨면

부질없는 헛손짓일 때가 있다

살다 보면 신기루에
목숨 거는 일 종종 있다

## 내 안의 초침

그리움이란
멈춰 버린 시계를 안고 사는 것이다
기회를 놓쳐 버린 시계가 모래 속에서
영원히 멈추지 못하는 것이다
그것들이 벽에서 오래도록 심장에 펌프질을 할 때
시간은
나를 두고 가 버리기를
나를 망각해 주기를 기도했었다
연착된 열차가 포만감으로 헐떡이며 다가와
철길처럼 늘어선 기다림을 삼키고 막차가 될 때
태엽 끊어진 달빛은 가슴을 열고 따라오고 있었다

내려야 할 역을 몇 번이나 지났을 때
어느새
잃어버린 시계들이 사면에서
요란한 채찍소리를 내며 달려들었다

내 안에서 초침소리가 들린다
과부하로 심장이 팽창하고
스스로 재촉하다
이내 엇박자로
방향을 잃어버린
멈추지 않는 시계가 돌고 있다

## 물의 노래

어느 생명으로 흐르기 위해
깊고 깊은 우주를 되돌아 왔는가

어느 눈물이 되기 위해
넓은 바다를 헤엄쳐 왔는가
다시 여기 고인 물이여

한 때 뜨거운 생명으로 휘몰아치다가
자숙으로 정화의 세월을 살다가
또 어느 품에서 수천 년 침묵할 물이여

그대 끝없는 수혈로
생명이 다시 일어서고
대지가 뜨거워진다
물이여

제 **2** 부

노을에 서서

## 삼월이면 생각나는 사람이여

그대가 조국을 위해 부르던 노래는
가시나무새의 애절한 음성이었어라

몸은 봄꽃 같은 청춘인데
속은 흑백에 버무려진 붉은 피 뿐이어서
아침이 와도 어둠이 가시지 않는
두터운 구름이 산야를 가린 암울한 현실이어라

불러라
불러라 삼월의 짓눌린 울분이여
만개할 꿈에 부푼 청춘이여

찢어진 그대의 순결한 저고리 자락
이팝나무 가지마다 서럽게 걸려서
애타게 기다리던 봄은 오고
다시 찾은 해는
우리 땅 우리 가슴을 비추는데

봉오리째 져버린 꽃
그대를 위한 송가는
아우내 장터에 안개로 피어
세상을 다시 촉촉하게 봄비로 적시어라

## 새댁이 되다


요양센터 목욕 봉사를 갔다
선한 인상의 조그마한 할머니
나 분홍 양말 신겨 줘
나 새이불 덮어 줘
목욕 후 갈증날까 요구르트를 건네니
새댁 먹어라
새댁아 니 쌍꺼풀 수술했제
아니요 쌍꺼풀 없잖아요
근데 이쁘데이
거울 함 봐라
오십 넘어 늙었다고 침울했는데
쌍꺼풀없이 조그만 눈이 싫었는데
눈만 마주치면 자꾸만 이쁘다고 하신다

맑고 천진한 모습에 되려 기운을 받고
새댁이 되어 오는 길
근래 들어 눈 밑 처지고

몸 여기저기 쑤시고 늙어 간다고
투정하던 나를 야단치며 돌아온 하루
젊은날로 돌아갔다 온
하고 싶은 일이 부쩍 많아진 하루

# 새터물로 오너라

도시락도 싸지 못하던 시절
허기진 책가방 던지고
허겁지겁 부엌 찬장을 열면
꽁보리밥 뚜껑에 붙어있던 아버지의 메모지
미끌한 보리밥은
입에 물고 있으려 해도 금세 사라지고
천천히 걸으려 해도 밭은 어느새 다 와가고

당장 밥이 나오는 것도 아닌데
땅은 왜 파야 하는지
눈만 뜨면 왜 밭에서만 살아야 하는 건지
누구네 아버지처럼 그렇게 말하시지
애야 세상에는 땅도 없는 사람들이 수두룩하단다
느그들 칠 남매 생기고 굶길까 봐
나는 밤잠을 못 잤고
난생 처음 땅을 사고 좋아서 또 밤잠을 못잤단다
그리고 아버지는 새터물에 감자만 심으셨다

내 밭에 감자 심어 자식들 실컷 먹이는 게 원이셨는지
돌아가시기 이듬해
펴지지 않는 다리 끌고 올라가
흙에 주저앉아 감자 골라 내시고는
흔해서 짐스러운 감자를 자꾸만 가지고 가라시더니
감자밭 두고
쇠스랑 두고
자식들 두고 어찌 가셨대요

# 아버지 · 1

내게 詩를 가르치고

詩를 쓰게 하시고

내가 詩人이 되었을 때

詩를 써서 뭐하게 !!


 나뭇꾼 아버지는 이른 아침 밥과 된장만 있는 커다란 밥통을 가지고 나를 데리고 깊은 산속으로 나무를 하러 가셨다. 하루 종일 나는 친구도 없는 산속에서 산새를 따라 다녔다. 산새는 멀리 날아가지 않고 저기쯤 앉았다. 따라가면 또 그만큼 달아난다. 지쳐서 밥을 꺼내먹고 소나무 위에서 잠이 들었다 깨어보면 아버지는 흥얼거리며 나무를 계속하고 계셨고 해는 아직도 중천이다. 아버지 옆에서 재잘거리면 아버지는 ▶

# 아버지 · 2

아버지 나 학교에서 달리기 1등 했어요

그래 어디 발 좀 보자

에이 틀렸다

떡발로 무슨 달리기냐


◀ 어린 나에게 세상 사는 이야기, 전쟁 영웅담이야기를 해주셨다. 그것도 심드렁 지루해지면 촉촉한 그늘에 핀 꽃을 꺾어 놀기도 하고 멍게를 따고 깨금을 까서 작은 주머니에 담았다. 엄마는 깨금을 좋아하셨다. 기다리던 저녁 무렵 아버지는 지게 한 가득 나무를 지고 나는 뒤에서 빈 밥통을 들고 산을 내려왔다. 훗날, 아버지 그때 왜 그러셨어요. 나도 심심해서 그랬제. 산속에 하루 종일 있어 봐라 안 심심하겠는가.

## 아버지의 냉장고

아버지 나물은 왜 아직 안드셨어요
아껴 먹고 있는 중이다 잘 나눠라
물이 생겨 상하기 직전인데 버려야겠어요
잘 먹고 있는데 왜 그래
몇 주가 된 음식인데도 버릴 줄 모르시는 아버지
작년 가을 어머니 가신 후로
아버지 냉장고 음식들은 나올 줄 모른다
양문 최신형 냉동실은 아예 얼어붙었다
비닐 봉지 속 생선은 말라 비틀어져가고
먹다 남은 떡은 물과 고체덩어리로 변신중
봉지마다 얼려 놓은 시래기는
가벼운 검불처럼 굴러다니고
몇 개 남은 만두는
속이 숯검댕이가 되어 껍데기만 덩그렁하고

냉동실에서 기다리는 이들은 알까
다시는 상에 오르지 못한다는 것을

애초에
그들을 여기로 초대한 사람은 돌아오지 않는다는 것을

몸에 있는 물기는 말라가고
속뼈가 비춰지는 생선 같은
어머니 마지막
그 모습이라도
그 자리에 있었던 날이 지금 보다 나았지 싶어
차마 생선을 버릴 수가 없다
행여 아버지도 그러할까 하여
고운 모습만 간직해 주기를
조금 흐트러진 모습이라도
그리운 마음 울컥해
자꾸 애꿎은 냉동실만 여닫는다

# 어떤 사마리아인


밤 열차 떠나는 마산역

주말 고향에 다녀오려 밤 열차를 기다릴 때
후배 하나 훌쩍거린다
엄마 보고 싶은데 차비가 없단다
차비도 없이 무작정 역까지 나온 마음이 어떠했을까
함께 올 처지 아니라도
심란하여 어깨에 손 얹어 보지만
빠듯한 여비
대책 없어 하늘만 바라보는데
하늘은 보이지 않고
역사 건물 천정엔 페인트색이 하얗다

그때 다시 다가온 껌 파는 아이
껌 안산다고 아까 말했다 아이가
그게 아니고요
저쪽에 군인아저씨가 왜 우느냐고 물어 봐서요

잠시 후 다가온 군인
휴가비 아낌없이 건네준다
그날 밤차 타고 엄마를 보러간 후배
그리고 휴가 떠난 군인이 그립다

아들 제대하고도 한참 지난 지금
요즘 아이들 아직도 어리기만한데
생각해보면
참 든든하고 의젓하던 군인이
아버지 마음 같다

# 전철 타고 가신 어머니

1.
낳아준 어머니 아니면서 어머니라 부르기로 한 날
남에겐 환하던 웃음 감추고
자상한 눈길도 아끼던 젊은 날
직격탄 타고 온 비수들 하나 둘 가슴에 박히고
모든 영화를 반납하고 싶은 걸
애꿎은 빨래나 다리다가
무작정 나와 오르던 십정동 전선길

2.
형제 많은 가난한 집 못난이
우리집 들어와 지금은 양반된 거라며
드라마에서나 본 듯한 대본 언제 다 외우셨을까

업보인 양 두텁게 나를 덮던 무거운 구름
맑은 날에도
언제 어느 바람이 다시 불러다 놓을지 모를

먹구름 생각 두렵던 나날

3.
다친 아들
다 너 때문이야 차마 말로 못하고
마장동 다녀오셔
툭툭 던지는 사골 조각

아버지는
귀하디귀한 딸을 왜  이런 집에 시집보내셨대요

4.
저것들 모두 어수룩해서 어떻게 살 지 걱정이여
모든 걸 알려줘야 풀리는 직성
서슬 퍼런 눈빛 마지막 자존심까지 흠집이시더니

십 년 세월  어느 날

백화점 다녀오는 길인데 잠깐 나오라신다
어색한 개봉역
옷 한 벌 샀는데 화장실가서 입어 봐라
부끄럽다며 좁은 문 잠그고 이리 보고 저리 보고
응 잘 맞는다
다른 사람 꺼 아무 것도 안샀으니까
아무에게 말하지 말고 잘 입어라 하고
다시 전철을 타고 가신 어머니


5.
뇌출혈 이후 십년 병살이
언제 바를지 모를 화장품 냉장고에 들어가고
곱게 다듬던 머리 하얀 갈대밭처럼 눕고

나에게 던져진 모진 포탄 총알이
당신 살아오신 날의 푸념임을 알게 되었을 때도
인정하고 싶지 않았던  오기

6.
신파도 두려움도 미움도 연민으로 바뀌어 갈 즈음
너는 우리집 보물이었다고 울먹이신다
이제는 겁 없이
그러니까 젊었을 때 좀 더 예뻐해 주시지 그러셨어요
살짝 투정까지 부려 보니
서슬 퍼렇던 시절 당치나 할 소린가
나 너에게 의지하고 싶어
눈빛 부담스러워 외면하는데
곱던 몸 물기 빠져나가는 생선으로 누워
가늘게 떨던 조그만 손 놓질 않는다


7.
갈 때 입고 가겠노라 꼭꼭 싸놓은 밤색 회장저고리
곱게곱게 가세요 영안실 뒷방에서
마지막 주름 잡으려 하니
그 짧은 인연이 왜 그리 서러운지

뒤척이며 영정 밑에서의 마지막 편지
평생 못한 말
당신의 며느리여서 좋았어요
부디 좋은 길 고운 길 가소서

# 나무로 살고 싶은 이유

나무는 혼자 산을 차지하지 않고
산은
바람에 떠도는 생명마저 감싸주는
너그러움이 있기 때문이다

꽃은 나무에 피어
나무를 서게 하지만
계절을 넘겨 나무에 머무르지 않는
지혜를 닮고 싶음이다

등선을 오를수록 가시나무 늘어나
땀으로 얼룩진 살을 찔러 대고
철 지난 꽃들은
아직도 털어내지 못한 집착이어서
삶은 언제나 거친 호흡들

내가 산을 오르는 이유
산이 되고
나무로 살고 싶음이다

## 어머니의 김치 냉장고

어머니 김치 냉장고엔 김치가 없다
언제 올지 모를 자식들 나눠 줄
데쳐서 얼려놓은 각종 나물
또랑에서 젖은 다리 마다 않고 뜯어다 데친 미나리
아침저녁 두 번 가지 않으면
키보다 높이 올라가는 죽순
이 산 저 산에서 모아온 취나물
양념풀 먹여 말린 김 부각
너구리 다녀가기 전에 따온 옥수수

동부콩 가져가서 애들 밥에 넣어 줘라
시래기도 가져가고

슈퍼에 가면 다 있어요
더운데 밭에 가지 마세요
슈퍼에서 파는 거랑 같겠냐
가져가라

다랭이 논두렁보다도 더 많은
주름 가득한 손으로
한 봉지 한 봉지 꺼내 놓으니
또 자식의 배는 만선이다

이제는 음식의 맛난 기억 짧아지고
세상 맛난 것들 넘쳐나도
늘 허기졌을 그날의 귀했던 이름들이
김치 냉장고 가득 채우고
마당에 아이들로 가득찼던 날처럼

혼자 맞는 이른 새벽
감각 없이 저물어가는 다리 끌고 밭으로 나가
땅을 헤집고 씨를 뿌리는 어머니

## 자화상

흩어진 눈이라야 알아보는 상상화
하루 수십 번 해는 떴다 지고
사십 넘으면 불혹이라더니
덧칠된 시간들은 온통 텁텁한 원색들과
깊이를 알 수 없는 상념들
엉킨 실타래가 반항하는 것보다 더 고약해
지천명에 이르고야 아집을 열고
강렬했던 원색의 파렛트를 씻어 낸다
겹겹이 벗겨져 나가는 혼돈의 시간들
이제 순백의 파렛트에 가벼운 물감을 풀어
바람과 하늘인 듯
투명한 너머로 소나무 숲 내다보이는
수묵화를 그린다

## 소원 하나

부족한 밥상이지만
나에게 늘 기도였다
찌개 속에 두부도 반듯해야 했고
김치도 가지런해야 했다
골고루 먹어야 한다며
막무가내 들이밀던
하잘것없는 반찬에
너는 순종했지

어느 날 더 조심스러워진 밥상에
소원 하나 얹는다
순도 높은 금수저 한 벌 올려 놓고
꿈꾸는 세상 네 것이 되기를

## 노을에 서서

한 낮의 열정은 누구나 황홀했으리
산, 들 가리지 않고 빛을 거두어 가는 노을녘
한 때 미세한 자극에도 전율하던 환희는
높은 봉우리마다 점으로 남아
닫혀가는 성문을 조바심으로 쫓는다

하늘은 오랜 방전으로
번개도 멎고 천둥도 그쳤지만
계곡마다 더 짙은 어둠이 찾아오기 전
숨어드는 전율을 깨워 꿈을 부른다
오늘이 가면 내일이 온다는 진리
가버린 기억이 다시 뜨거워질 태양을 기다린다

제 **3** 부

그날의 달빛이 그리울 때

## 타인의 일상

그는 내가 오랫동안 무관심으로 대해 왔음에도
만나면 언제나 잘 지냈느냐고 환하게 웃는다
그럴 때마다 미안한 마음이어서
그토록 반가운 인사를
다음엔 내가 먼저 해 봐야지

병실에서 눈을 뜨니
간병인 얼굴이 먼저 들어온다
담담한 표정 그저 익숙한 손놀림
그 얼굴에서 희망 없던 어느 날이 떠올랐다
무심한 태양과 거리엔 먼지만 숨막히던

느닷없이 마음속에 들어와
가던 길 돌아보게 했던 사람이
많이 아프다는
그리고
먼 길 나서야 할 것 같다는

누구나 왔던 길 아닌
길을 떠나지만
한 번 가면 다시 오지 않으니
그곳에 가면 그리운 사람들 모두 다 있을까

아무리 가슴 아픈 사람도
돌아서면 무뎌지는
타인의 삶일 뿐

## 티비를 끄지 못하는 남자

끝없이 먼지 이는 길을 걷는 고단한 하루
살아야 한다는 끈질긴 의지는
운무가 산을 삼키듯 온 몸에 스미고
벌판에 누운 밤은
전기도 없고 티비도 없던 시절로 돌아가
갈라지고 쪼개져 길기만 하고
좀처럼 아침은 오지 않는다

아버지의 아버지 피는 몽골의 어느 목동
높이 크지 못하는 풀들이
밤이면 별이불 덮고 잠이 들고
별 지나는 소리
끝없는 어둠소리 밖에 들리지 않는
드넓은 벌판을 달리고 달려
밤새 또 하나의 게르를 짓고
좋아하는 여자랑 아들 딸 품고 행복했으리

산은 빛을 일찍 품고
벌판은 어둠을 일찍 품는다 해도
산은 아침을 벌판에 내려놓아
세상은 온통 황홀한 꽃바다인데
쑤시는 육신 아픈 밤이 길어서 켜둔
당신의 티비는
몇 번의 아침이 지나도록
어깨에 무거운 브라운관 내려놓지 못하고
초라하고 희미한 촛불로 서 있네요

## 하루살이

창문 열어 반기지 않아도 햇살은 찾아와
밤새 뭉개진 그림자를 개고 먼지를 석방한다
무작위로 허공을 휘젓는 먼지
크고 작고 무겁고 가벼운 먼지들의 수다가 시작된다
털어 내도 무한 재생되는 먼지
먼지보다 가볍게 헛바람을 잡아 타고 하루로 나선다

유무생 분별없이 공평한 시간 속에
존재란 허상을 입고
유한한 길에서 치열하게 먼지는 날리고
좁은 길에서 먼지는 더 많이 날린다

맑게 열렸던 찬란한 하루가 닫히면
서산 너머로 장엄하게 침잠하는 햇살따라
산화된 먼지들이 무채색 침묵에 잠긴다

## 길을 되돌아오지 않는다

길을 떠난 한 참 후
집에 열쇠를 두고 온 걸 생각했다
지금 갈 길이 있어 돌아올 때는 나중 일이다

너에게로 가는 계단을 세지 않았다
가파른 계단을 건너뛰고도
심장은 쉽게 알아차리지 못했다

등이 되었던 것들을 넘어서
다시 내게로 돌아오려 할 때
문은 닫혀 있었고 열쇠는 어디에도 없었다

나를 스쳐가서 아직 그 자리에 있는 곳
되돌아보면 아직 투명하게 보이는
어제로 가는 길은 어디에도 없다

# 후회 · 1

긴 노동의 시간이 끝났을 때
몸은 뒤틀리고  근육은 느슨해져
젊어서 외면하던 마누라 품
이제는 기력 없어 기어서도 못가니
먹고 사는 게 뭐라고
작은 몸뚱이로 없는 살림 일구며
칠남매 잘 키운 아내
좀 더 살뜰히 살펴 줄 걸
밤마실이라도 다니게 해 줄 걸
장날이면 친구들 만나 술만 마시지 말고
난전에 팔던 나이롱 치마라도 사다 줄 걸

논 밭 한마지기 없이 시작한 신혼이라 해도
잔소리 투정 좀 덜 할 걸
백발은 간밤의 눈처럼 찾아오는 것을
세월은 들샘을 도는 물처럼 흐를 것을

마누라 저리 늙고 쪼그라져서도
남의 비닐하우스에 일하러 다닐 줄 알았더라면
남들은 시부모까지 봉양하며 집안일 다 하는데
막내한테 시집온 너는 호강인 줄 알라며
없는 시어미 몫까지 잔소리 치졸하였다

어둑해졌는데 아내가 오지 않는다
해 떨어지면 하우스 일 끝났을 텐데
목은 이미 막혔는지 목소리가 나오지 않은 지 오래다
걱정인 것인지 두려운 것인지
한참을 더 기다리다
전화를 걸어 수화기 귀에 대고 있으려니
아내가 먼저 말을 한다
좀 늦게 끝나서 지금가요
기다린다는 빨리 오라는 말 한마디 못하고
수화기를 내려놓으니
 젊은 날 쩌렁하던 목소리 아꼈다가

이럴 때 위로라도 할 걸
하루가 참 길다

몸은 작은 방에 꼼짝할 수 없는데
여름이 오려 한다
이맘때면 밭에는 뭐가 자라고 있을지 뻔하다
마누라 밭고랑 보나마나 삐뚜름할 것이고
무엇을 심었을 지도 짐작이 간다
그동안 내가 못 심게 했던 것들 죄다 심어놓고
땡볕에서 풀과 씨름 중일 게다
이제는 밭고랑을 삐뚤게 만들어도 뭘 심어도
독살나게 미련맞다고 지청구하지 않을 텐데

하필 목소리를 잃었다
빌어먹을 후두암이라
젊어서 새끼들, 마누라 고생시킨 벌인가 보다
그동안 고생시켜 미안하다고

나 같은 사람이랑 살아줘서 고맙다고
한 마디라도 해야 할 텐데
아무리 힘들여 말해도 움직이는 것은 입술뿐이니
누구도 알아듣지 못하는구나

이제 먼 길을 가야 할 것 같다
이 숨 멎으면 지독한 육신의 고통도 멎겠지
두려움은 없다 몸보다 무거운 후회뿐
그리고 평생 동안 한 번도 하지 못한 말 하고 싶다
사랑했었다고

## 후회 · 2

가시기 1년 전 쯤에야 아버지가 틀니였다는 것을 알았다

어린 날 각인된 아버지는 감당하기 힘든 소설이었다

술 드신 장날 밤
마당가 대밭에 앉아
아버지가 없었으면 좋겠다고 생각했다

외갓집 간다고 집을 나와 학교 앞을 걷다가
마주 오는 아버지를 외면했다
아버지도 나를 외면해주기를 바랐지만
큰소리로 내 이름을 부르고
외할머니 맛난 거라도 사다드리라며 백 원짜리 동전
몇 개를 주셨다

유일한 친절은 수많은 책장 속에 갇혀서
한 번도 나를 다독여 주지 않았다

아버지도 할아버지에게 귀동이었고
자식도 부모가 되고
손자도 부모가 되어가는
삶의 순서에서
얼마나 무장한 겁보라서 자식의 순번을 뽑았을까

한 번도 스스로 만져 보지 못한 아버지의 살을
삶을 마무리하는 즈음
마른 장작 같은 살결이 이리도 부드러웠을까
여기저기 가렵구나

이제 세상 음식 다 드셨다는 듯
틀니 없이 자상하게 닫은 평온한 얼굴로
처음 객지로 나가던 그날처럼
아버지는 또 쪽지를 쓰신다
다른 병원 가 봐야 소용없다

당신의 아버지 따라
장가드는 날에도 신었던 흙길 고무신
이제는 벗고
비단구두로 고운 땅 밟으시고
나비처럼 가볍게 가소서

# 담쟁이

몇 년을 살아야 나무가 되는가
몇 년 면벽수행하면
스스로 설 수 있는가

벽으로 막아서는 운명
텅 빈 허공을 휘젓는 손짓이 서러워
넝쿨로 누워서
얼기설기 인연의 사유를 엮는다

미풍에 흔들리는 것은
배려를 향한 겸손의 미소일 뿐
어떤 타협도 허락하지 않는다

뜨거운 벽을 기어오르는 것
그 벽의 뼈가 되고 싶은 것은
나를 이름할
그 위에 네가 있기 때문이다

## 그날의 달빛이 그리울 때

한 달이면 꼭 한 번 찾아와
나를 키워 주던 달빛
문득 그리우면 창문을 연다

마당에 추수한 벼들이 가득 모여
하얀 달빛과 도란거리듯 다정해 보일 때
아직 햇볕의 온기 충만한
볏단 깊숙이 파고 들어가
하나 둘  낟알을 세듯
내 나이를 세고 있었다
그렇게 세면
좋을 줄 알았다
달 속에 떡방아 찧는 토끼가 살던 그때

가로등인 양
건널목 너머 아파트 건물 사이로
태연히 지나가는 달

또 어디선가
아이 하나 키우고 있겠지

## 나비야 아직은


물 건너 풀밭 매다 지친 점심 챙기러
머리 수건 벗고 대문 들어서던 아낙
화들짝 놀란다
저 끝 방에는 남편이 누워 있는데
시커먼 나비떼 마당 가득 돌고 있다

어디서 이렇게 많은 나비가 왔을까
불길한 예감에
긴 빗자루 마구 휘저으니
한 무리는 뒤란으로
어떤 무리는 헛간으로
흩어지는 나비떼

신발도 벗지 않고  마루 지나
작은방 문을 열어 남편 얼굴 바라본다

당신 아직 숨 쉬고 있네요

듬직한 손으로 잡풀 뽑아 주던 당신
아직도 내 앞날은 풀밭 투성인데
당신 그렇게 가시면 안돼요
나비 따라 가시면 안돼요

이제 겨우 유월인데
미음보다 묽은 쌀뜨물 같은 점심 차리려니
나비보다 가벼운 당신
유월의 햇살은
마당에 내려 뜨겁게 쌓이는데
춥다며
두터운 이불 자꾸 끌어올리는 당신

## 달아 노피 곰 돋아샤

정읍사 늦은 밤을 비춰 주던 달아
첩첩산중에서 빛나던 달아
떠나간 연인생각
외로움 더해 주던 달아
이유 없이 서글픈 달아
밤 낮 구분 없는 조명에 밀려난 달아
애초에 어둠을 밝히는 운명이었다면 달아

수험생 우리 아들 고득점 받게 하고
진로가 걱정인 청춘들 밝은 미래 보게 하고
가끔 음주 귀가하는 우리 아빠
일차만 하고 오시게 하고
시를 쓰는 우리 엄마 한밤중 베란다 나가
멍하니 너를 쳐다보거든
한심하게 보지 말고 멋진 시 한 편 보내 주고

달아
밝은 달아
우리 딸 아침 얼굴에 뜨지 말고
밤 하늘에만 높이 떠서
너의 비밀 아는 이에게
딱! 한 가지만 이루어지게
희망의 빛 주어라

달아 노피 곰 돋아서

## 동화책을 보다가

내가 선녀라면
힘센 나무꾼 하나 유혹해서
아무도 없는 산중에서
조그만 집 서너 채 지어
옆집에서 그림을 그리고
윗채에서 시를 쓰고
아래채에 아이들 놀게 하고

텃밭에 먹거리 지천이고
마당에 각종 꽃 만발하고
세월도 나를 잊고
나도 세월 잊고
낼 모레면 육부능선 도달인데
뭔 소리 하는 거여

꿈이니께 그런 거지
단칸방에서도 이왕이면
잘 구운 구운몽이여

# 돈 세탁

반자동으로 작동하는 세탁기가 삑삑거린다
뚜껑을 닫으려다 들여다보았다
하얀 구름 속에 만원 지폐가 둥둥 떠 있다
분명 빨래와 세제만 넣고 작동시켰을 뿐인데
세탁기는 많은 돈을 만들어 놓았다
순간 짜릿하게 지나가는 희열

바다 속에 가라앉아 무한 소금을 만들어낸다는
맷돌을 보는 듯
또 한 번 세탁기를 돌리고 싶다

그날 저녁 구겨진 지폐를 다리면서
주머니 확인도 안하고 세탁하냐는
남편의 꿀밤 잔소리 뒤로
가끔 환상도 필요하다고
여보 다시 한 번
돈 뭉치 주머니에 넣어놔 봐요

## 꽃씨는 오고 싶었다

담장 위 꽃 진 자리마다
천지를 덮고 남을 수많은 종자들
한참 콩닥이며 망설이다가

담장 안에서건 밖에서건
아름다운 꽃 피어오르면 모두가 즐거울 걸

독립된 생명일 뿐이라고

다만 그 향기 잠시 빌렸을 뿐이라고

꼬투리 툭 건드려
까만 어린 것들 품어 온다

지아비 잃어 덩그런 빈 밭에
꾹꾹 누르고 물을 준다

# 기억 한 장

나목에 물 오르는 초봄
시간을 모아 둔 메모장 속에서
우연히 떨어진 단풍잎 하나
어느 가을에서 되돌아온 것인가
가을이 말초신경까지 스며들어와
시시때때로 얼굴 붉어지던 그해
그 사람을 간직하듯
어느 갈피에 성급히 끼워 두었던
그 날의 떨리던 손 모양
언젠가 스칠까
바스러지지 못하고 기다리는 시간
사랑이 시작되는 봄에 전율하는
가을 단풍잎

# 가을 풍경

뚝방길 호위병 교대시간이 되자
나지막한 언덕에 비상이 걸렸다
엉켜 뒹굴던 넝쿨들의 굵직한 씨알주머니들
누구의 씨인들 어떠랴
눈치 빠른 민들레는 솜뭉치 하나 들고
일찌감치 여행을 떠난다
키 작은 풀은 낮은 포복으로 경계를 서고
방음벽 당당히 오르던 담쟁이도 항복인가
파편들만 남겨 두고 담벼락으로 스며들었다
저들만의 사색을 즐기는 갈대의 군락 곁에서
코스모스가 딴청을 피우며
마지막 위문공연을 서두른다

사람들은 자전거를 타거나, 가방을 들고
때론 모자를 쓴 채
안개 뿌옇게 서린 풍경화 속으로
자꾸만 걸어 들어간다

제 **4** 부

연등을 밝히며

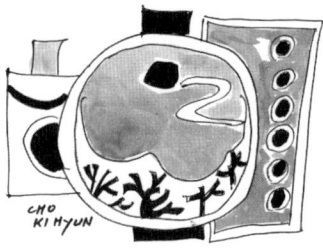

# 봄 바람

움츠린 몸이 펴지지도 않았는데
마음은 벌써 춘풍
찔린 상처 아물고 무던해진 근육이 숨바꼭질 하다가
멈춘 사랑이 다시 싹을 틔울 것같은 환상


현실에 굴복하고 떠났던 지난 가을 낙엽처럼
오래전 삭아서
흔적조차 없을 것같은 아픈 사랑이
문득 올 것같은 착각

작은 인연도 끌어와 무한확대해 보고
올 새봄 좋은 일이 불쑥 찾아올 것 같다고
헛바람인지
봄바람인지
싱숭생숭

# 석양

하루가 저물어
어스름이면
까닭 없이 경건해진다
헐떡이며 내게 온 하루를
얼마큼 살뜰히 대접했는지
오늘
얼마나 많은 일들
또 내일에게 미루었는지

오늘을 따라
서산 넘어가보면
내가 소홀히 보낸 하루들이
취한 듯 벌겋게
원망을 쏟아 내고 있겠지

## 걱정 수집 중

아침에 눈을 뜨면
머리맡에 기다리는 것들
받아 놓고 읽지 못한 수북한 책
손 내미는 곳마다 거절 않고 받아 온 숙제들
언젠가 펼칠 날 있겠지

고집스레 쌓아 놓은 옷감들
조각조각 이으면
멋진 옷 한 벌 완성하겠지

마음만 빠져나와
하얀 도화지에 세상일 무관심한 신혼살림을 차린다
또 다시 채워지는 세간들

세상 사는 일이
여유 먹는 일인 줄 알았다
걱정거리 줄줄 엮는

선한 기억 줄줄 새는
기막힌 것인 줄 몰랐다

오늘 커다란 휴지통 하나
새로 들여야겠다

## 세월 인양하다

꽃 같은 청춘들
해맑은 웃음 안고 침몰하였다가
주검이 되어 홀로 돌아왔습니다
몸 안에서 아우성치던 아이들의 절규
멈춰가던 꽃들의 숨소리
시간이 흘러도 멈추지 않아
무쇠뿐인 세월도 아파
절망의 바다 맹골수도 거친 물살에
천일을 숨어
절이고 씻어도
점점 무거워 지는 죄는 시커멓게 들어와 쌓이고
수치스러운 참담한 몰골
빈 육신으로 돌아왔습니다
수 천 번 난도질에 찢기고 나면
온 나라를 슬픔에 침몰시킨 죄가 가벼워질까요
바닷물이 다 마른들
가족의 눈물이 마를 수 있을까요

죽어야 멈추는 이름, 세월
죽어도 흐르는 이름, 세월
영원히 지우지 못할 슬픈 별
세월입니다

## 짝을 잃고

속절없이 생명을 거두어가는 시간 앞에
초조한 이별의 시계를 애처롭게 바라보며
살갑게 보듬어 작별의 말 한마디 안해도
우리 서로 알고 있지 당신
고운 살결로 내게 오던 그때 떠 올리면
핏기 없이 앙상한 얼굴도 내겐 곱기만 하오

때로는 당신 투정 받아주기 힘들어
무작정 옥상으로 올라가
하염없이 상추만 만지작거릴 때 있었지
먹는 거 싫다더니 장작개비처럼 말라서
그렇더라도 잔소리라도 해보시구려
눈만 껌벅이고 손만 따뜻하다면
같이 갈 그날까지 같이 있을 수 있다면 좋겠소
주름 깊도록 살았어도 숙명의 인연 아직 애절한데

죽으면 다 무슨 소용이라고

영정사진은 저리도 이쁘게 감추어 두었소
얇은 미소 뒤에 아픔 감추고 살아온 시간
그 숨소리라도 그리워 창문을 열면
사람들 여전히 길을 가는데
당신이 앉아 있던 소파 침대 여기 그대론데
그렇게 가고 싶다고 조르더니
혼자 그곳에 가니 좋소
당신

## 창문앞 은행나무

큰 은행나무 푸른 창밖이 참 좋았다
가을에는 자연커튼이 노란 조명을
거실 가득 선물 들여보냈고
눈이 오면 상고대 아니라도
가느다란 가지들이 한 움큼씩 눈을 쥐고 있는 모습이
태백산 설경보다 좋았다


쥔장은 어느 날 다육이에게 꽂히고
종일 햇빛 고픈 작은 화분들
구걸하듯 이리저리 옮기면서
어느 태풍 부는 밤 굵은 가지 유리창 부수고
베란다까지 들어올 듯 공포의 밤을 보내면서
여름 가지가지마다 앉은 매미가 가로등 불빛에
스테레오 음향에 잠을 설치면서

그럴 때마다 은행나무 잠시 나들이라도 했으면
주구장창 창문 앞에 버티지 말고
가끔 저 건너 딸네 집이라도 다녀왔으면
은행나무야

# 지렁이

비 온 뒤
촉촉한 사랑 그리워서
한사코 몸 비비 꼬며 나오는 걸
밟지 않으려 몇 번을 깡충거렸다

상처 입고 피 흘리며 가야 할 운명인가
세상 속으로 던져진 몸뚱이는
내일을 알지 못한 채
아침이면 길을 나서는 샐러리맨이구나

피하려 해도 자꾸 와서 밟히는 시간들
낮 동안 햇살에 고통으로 타들어가도
오염된 대지를 묵묵히 굴러
흙을 뒤엎고 세상을 바꾸니
대지가 너로 인해 심호흡하고 기지개 켠다

푸른 생명의 대지가  온통 너의 공로구나

# 연등을 밝히며

희망과 절망이 무시로 넘나들던
혼돈의 바람 앞에서
어미의 서투른 기도는 늘 흔들림이다
견고한 불퇴전의 정진을 바라며
구름산자락에 연등 밝힌다
어둠은 한순간
곧 그대로가 빛이라는 말씀 새기며
청정한 성품
세상을 밝히는 밝은 빛 되어 주기를
아름다운 오색 주렴 같은 등을 밝힌다

# 콩코니

외출에서 돌아와
거실로 들어서는데
부엌 씽크대앞
중학생 아들 교복도 벗지 않은 채
붉은 밥숟가락으로 퍼서 버리고 있다
고추장에 비볐는데
입맛이 영 아니었나
말 없으면 짐작인데
녀석 태연하게
방으로 뒤통수 유도하며
씽크대가 배고프다네

밥 버리고 얻은 아들의 위트

* 콩코니 : 아들의 별명

## 광명에 사는 친구

　니 이적 비염 달고 사나 미치쁜다. 내 용하다는 병원, 한의원 다 소개시켜주고 가지가지 비법 다 갈키줬다 아이가. 마 누가 비염에 좋다는 말만 하며 죄다 베껴오고 인터넷 카페 디져서 퍼다 주고 어짤 때는 우리 신랑 먹는 것도 몰래 갖다 줬다 아이가. 그리 훌쩍거며 우찌 살라카노. 내 니 때문에 몬산다 참말로. 마 병을 키우고 있나. 얼른 고쳐야 안하나. 지난번 밤늦게 기막힌 비법 하나 알아가 마 이자쁠까 봐 카톡 보냈더니 밤늦게 보냈다고 난리 치드마. 그 함 해봤나. 직빵이라 카니께네. 안해봤제. 그라고 한 가지 더, 목이 아플라카머 잽싸게 가글해라. 내는 감기 걸릴라카모 무조껀 가글한다. 그래서 나는 감기에 걸린 적 함도 읍다. 내맹키로 좀 해봐라 제발!

## 꽃씨 발아를 꿈꾸다

언제 받아둔 씨였을까
까맣게 잊혀졌던 씨앗 몇 개
몇 번이나 봄을 원망했을까
숱한 기회를 창고 속에서 묵혔구나

너의 뿌리가 대지의 속살을 헤집고
푸른 정열이 담장 너머 밤새 뜨겁게 엉키면
세상은 다시 깨어나리라

넉넉한 햇살에 송이송이 꿈을 담아
나도 굵직한 씨알로 여물고 싶다
당당한 씨앗 한 톨로
어느 낯선 나라
어느 낯선 땅이라도
세상에서 가장 귀하고 호사스런 발아를 하고 싶다

# 엄마 꽃씨

이른 봄 분꽃 옆에 낯선 싹이 났다
범상치 않은 떡잎에
본 잎을 기다리는 동안 며칠을 설렌다
작년 가을 무심코 던져 둔 포도씨

귀하고 소중해서 다독이며 물을 주니
가을엔 줄기가 제법 뻗었는데
겨울 지나
봄이 되어도 잎이 나지 않는다

기름진 땅에 싹을 틔웠더라면
든든한 땅 속에 깊이 뿌리내리고
세상을 향한 날갯짓 눈부셨을텐데

뿌리가 중심을 잡고 일어설 터를 마련하지 못하고
섣불리 싹을 틔운 것이 미안하구나

## 허수아비

오랜 세월 기다림으로 삭아 내린 빈 가슴에
시린 바람 무수히 지나고
긴 밤을 외로움에 하얗게 떨고서도
천진한 미소로 다시 일어나는 아침
누구를 사모하는 일이
그토록 행복하던가

팔 아래 알곡이 백성처럼 조아리고
허리 굽은 고운님 다녀가시면
오래된 손자 교복
유행이 훨씬 지난 낡은 옷 한 벌 얻어 입고
좋아 죽을 표정으로 또다시 태어나는 허수아비

몇 대를 잇고서도 남은 혈육 없이
이름 하나 달랑 족보에 올리고는
세상 다 얻은 듯 황홀함에 젖어 웃는
속 없는 허수아비

# A Figurehead

In an empty heart that is worn out as time passes by
A chilly wind has passed countlessly
Though it shivered with loneliness in a long night
The morning turned up with a pure smile
Burning with yearning for someone is
As happy as one can be

Grains under the arms give a deep bow
As if they were the people
When a stooped fair lover come round
It slipped into an aged uniform owned by a grandson
A figurehead showing a look of joy
Sees the light again

It has no heir though it carries on generations
It only puts its name on a clan register but
It is the one who is thrown into ecstasy
As if it has the whole world

## 시를 찾아서

바닷가에서 결 고운 돌을 찾는다
오랜 시간 물이 빚어 낸 자연의 형상
온몸에 새겨진 천년의 기억

절해고도에 화석으로 잠들었다가
어느 폭풍 해일에 뿌리째 실려와
긴 햇살바람에 해동을 꿈꾸는데
다가서면 밀어내는 매몰찬 육지
파도마다 감겨드는 달그락 소리
모래알만큼 알알이 아픈 살점들
제 몸 부서져도 멈추지 못하는 뭍으로의 집념

모진 방랑 끝내고 마침내 열리는 대지의 품에서
안개 걷히고 고즈넉한 혜안(慧眼)

바닷가 돌무덤에서 시를 찾는다
파도가 절여 놓은 은밀한 언어로
그 파도 소리보다 오래 불려질
깊고 아름다운 노래

# Seeking After A Poem

Seeking for fine stones at the beach
A figure shaped by water for a long time
A millenary memory carved in the whole body

After falling asleep in the a solitary island
It came together with its roots
Washed away by a tidal wave and
It dreams of thawing basked in the sun
When it approaches, the land pushes out
The sound of wounding up can be heard
On every waves
A piece of ached flesh similar to sand
A deep attachment to the land
Even if it falls to pieces itself

After ending the wild roaming
It has a keen sharp eye in the arms of the land
Without a mist

Seeking after a poem
By the stone grave at the beach
A beautiful song that will be singing
With a secret language pickled by the waves
For a long time

■ 작품해설

# 비교할 수 없는 존재의 미학
-이금미 시인의 〈가벼운 먼지들의 언어〉를 읽고-


김 병 중 (시인, 문학평론가)


## 1. 들어가며

지상에 존재하는 물상들은 저마다 무게를 갖는다. 무게는 대부분 계량화가 가능하지만 추상의 관념은 계량이 어렵고 색깔이나 언어로도 표현이 불가하다. 하지만 우리는 일상의 무게 속에서 별로 불편 없이 살고 있으며, 하루도 그 무게의 굴레에서 벗어나기 어렵다. 아침에 일어나 일정량의 식사를 한 다음 출근을 위해 엘리베이터를 타고, 그리고 차를 몰고 도로와 다리를 지나는 등 일련의 과정에서 실시간으로 무게가 계량되고 있다. 알맞은 식사의 무게와 엘리베이터와 자동차, 도로, 다리가 감당할 수 있는 적정 무게 등이 수치화되어 있다. 이밖에도 시간의 무게나 하루의 무게, 일의 무게와 삶의 무게, 그리움의 무게 등

눈에 보이지 않는 추상의 무게도 생활 곳곳에 숨어 있다.

　올 한해는 무거운 한해였을까 아니면 가벼운 한해였을까? 이는 사람마다 다르겠지만 대체로 무거운 한해였으리라는 생각이 된다. 우선 국내외적인 환경이 우리의 머릿속을 누르는 문제들이 적지 않게 다가온다. 북핵과 사드문제만 해도 서로 자국 목소리만 높이고 있어 그저 평행선을 긋고 있으니 불안 속에서 사는 우리들이야 오죽하겠는가. E. 무어는 "고난은 예술의 원천이고 시인에게는 무한 영감을 준다"고 했다. 이는 곧 세상의 무게가 시인에게는 독이 되지 않고 오히려 약이 된다고 하니 시인들은 의미 있는 한해를 보냈으리라. 자기가 받은 무게와 남에게 준 무게를 같은 저울로 다는 것은 어렵지만 한번쯤 우리 삶의 무게 중심이 세상과 자아 어디로 더 향하고 있는지 한번쯤 생각해 볼 필요가 있지 않을까.

　무게는 가벼움과 무거움으로 구분한다. 가벼운 것은 잘 느끼지 못하고 지나치게 되지만 무거운 것은 피로와 함께 스트레스를 동반하기도 한다. 같은 물질인 구름과 물과 얼음은 서로 다른 무게를 갖고 있으며, 공기로 지칭

하는 기체도 산소, 수소, 질소, 탄소의 무게가 각각 다르다는 것은 무게의 측정이 단순하지 않음을 보여준다. 이처럼 글을 읽다보면 작품마다 무게가 엄연히 존재하고 있음을 쉽게 느끼게 된다. 그렇지만 무거운 글과 가벼운 글 중에서 어떤 글이 좋은 글인가에 답하는 일은 생각보다 쉽지 않다. 이런 명제를 던지면서 금번 두 번째 시집을 상재하는 이금미 시인의 〈가벼운 먼지들의 언어〉에서 같이 살펴보기로 한다.

### 2. 사람의 먼지와 그림자

봄철이면 미세먼지가 기승을 부린다. 고비사막에서 날아오는 중국발 먼지를 우리는 어쩔 도리없이 고스란히 맞이한다. 이국의 먼지이건만 별다른 저항없이 봄이라는 꽃선물을 받는 희열에 젖어 그 정도의 수난은 달게 수용해야만 하는 것일까? 호라티우스는 "사람은 먼지와 그림자"라고 했다. 바꾸어 말하면 먼지를 일으키면서 살아있음을 입증하고, 그림자를 끌고 다니며 열심히 일하고 있음을 의미하는 말이다. 그러므로 우리의 일상에서 먼지와 그림자를 빼고는 삶이 제대로 영위되지 못한다. 활동하지 않고 살 수 없으며, 창문을 열면 반기지 않아도 일제히 먼지와 함께 햇살과 그림자가 찾아들기 때문이다.

   창문 열어 반기지 않아도 햇살은 찾아와
   밤새 뭉개진 그림자를 개고 먼지를 석방한다
   무작위로 허공을 휘젓는 먼지
   크고 작고 무겁고 가벼운 먼지들의 수다가 시작된다
   털어 내도 무한 재생되는 먼지
   먼지보다 가볍게 헛바람을 잡아 타고 하루로 나선다

   유무생 분별없이 공평한 시간 속에
   존재란 허상을 입고
   유한한 길에서 치열하게 먼지는 날리고
   좁은 길에서 먼지는 더 많이 날린다

   맑게 열렸던 찬란한 하루가 닫히면
   서산 너머로 장엄하게 침잠하는 햇살따라
   산화된 먼지들이 무채색 침묵에 잠긴다
                        -〈하루살이〉- 전문

위의 시 〈하루살이〉에서는 먼지가 의인화되어 당당하게 사람 행세를 한다. 그런데 무슨 죄를 진 것일까? 방안에 갇힌 몸으로 자유를 속박당하고 있는데 반기지 않아도 햇살이 찾아와 석방을 시켜준다. 자유를 찾은 크고 작고 무겁고 가벼운 먼지들이 자유를 누리며 허공을 맘껏 휘젓더니 그들만의 수다가 시작된다. 이는 곧 자유는 수다와 뿌리가 같다는 것을 잘 보여 준다. 그렇다면 먼지들의 수다에서 그들의 언어는 해독이 가능한 것일까? 하지만 그것은 시인만의 시선이자 청력으로 찾아낸 시인의 예술적 심미안이 만들어낸 신비로운 발상이 낳은 것으로 쉽게 해독이 어렵다.

사람의 생은 소멸되는데 비해 먼지의 죽지 않는 목숨의 설정이 이채롭게 다가온다. 어쩌면 죽지 않는 먼지의 생이 오히려 비루한 생존일 수 있음을 보여주지만, 아무리 "털어내도 무한 재생되는 먼지"는 사람보다 더 위대하다고 할 수 있다. 그러나 예술을 구가하는 것은 사람이기에 사람의 능력은 먼지와 대적할 수준을 초월한다.

그러기 위해서 사람은 먼지보다 몸이 가벼워져야 하고, 가벼워진 연후에는 헛바람을 타고 세상을 지배한다. "사람은 먼지로 시작해서 악취가 되어 떠나는 것"이라고 마크 트웨인이 말한 것처럼, 사람은 살아 있는 한 먼지와 공존하며 살아가지 않으면 안된다. 생은 먼지와의 싸움인 것, 유한한 시간의 길 위에서 싸우다보니 좁은 길에서는 싸움이 더 치열할 수밖에 없는 일이다. 하루살이가 일년살이, 그 이상을 넘어 백년살이가 되더라도 지구의 종말이 오지 않는 한 먼지 가득한 세상은 존재한다. 이것을 시인은 시의 진수가 무엇이라는 것을 보여 주기 위해 비유와 은유의 도구를 도입하여 먼지세상을 찬란한 하루살이로 승화시키고 있다.

지천명에 이르고서도
쉽게 들춰지는 가벼움에 진저리칠 때 있다
여미고 또 여미어도 새어드는 바람
그 술렁거림
작은 항아리에 꼭꼭 눌러 두고
그래도 싱숭거리면
떠난 적 없는 사랑 찾아 나서고 싶다

오래 머무름 없이
기다리는 방
혼자 떠도는 먼지가 그리워지면
태양과 바람에 씻긴
메마른 귀가를 하고 싶다
― 〈계절마다 부는 바람〉 – 전문

먼지는 바람에 저항하지 않는다. 외려 바람의 등을 타고 세상을 종횡무진 누비면서, 단지 가벼워야 더 자유를 누릴 수 있다는 것을 보여 주고 있다. 시인은 서서히 나이가 들면서 계절이 바뀔 때마다 느껴지는 가벼움에 진저리치는데, 이를 극복하고자 옷깃을 여미고 또 여며보지만 바람은 어느새 새어들고 술렁거림과 싱숭거림이 반복된다. 이를 어쩌랴. 그동안 살아오면서 한 번도 꿈꾼 적 없고 떠난 적 없는 올곧은 사랑이 이제 일탈의 바람으로 불어오는 것은 진정 불온한 것일까? 지천명의 나이 탓으로 돌리기보다 지고지순한 시인이라고 세상 꽃구경만 하고 돌아가는 존재라고 할 수는 없으므로 차라리 먼지처럼 자유롭게 여행하고픈 중년의 솔직한 토로가 아닌가 싶다.

시인은 먼지의 존재를 원죄의식과 부활사상, 그리고 그리움의 대상으로 설정한다. 먼지라는 대상과 우리 통념과의 거리가 상당히 있지만 그것을 가깝게 끌고 와 신선미와 반전을 더해준다. 방에 갇혀 있을수록 더 자유를 꿈꾸는 대상으로의 먼지는 물리적인 물질이 아닌 형이상학의 존재로 확대된다.

그래서 시인이 하나의 먼지라는 주체가 되어 방을 나와 자유를 찾고 태양의 그림자를 만들며 술렁이는 바람에

몸을 씻은 후 끝내 메마른 귀가로 회귀하면서 한 편의 시를 맺는다. 셰익스피어는 "금발의 소녀도 굴뚝 청소부도 모두 먼지로 돌아가야만 하는 운명"이라 했듯이 시인의 메마른 귀가는 이와 다를 바 없다는 공감의 사실이 세파에 시달리는 삶에 대한 진지한 성찰로 이어져 우리들의 시선을 오래 머무르게 한다.

### 3. 먼지의 길을 따라서

먼지에게도 길이 있다. 수동적으로 사람만 따라다니는 것이 아니라 먼지가 시인의 눈에 포착되어 다시 하나의 생명으로 태어나 새로운 길(희망)을 찾게 된다. 그래서 시인은 작품에서 먼지를 어떻게 표현할까를 생각하다가 결국 먼지를 통해 인간의 잡된 욕망이나 감정을 투사하여 시인이 먼지와 일체화되는 모습을 보여 주게 된다. 사람은 집을 소유하고 있으나 먼지는 사람의 방을 지배한다. 그러므로 사람이 있는 곳에 함께 있으면서 먼지는 티끌에 불과하기보다 사람의 또 다른 모습으로 형상화되어 계단을 내려오고 길을 떠나게 된다.

거울 속에는 먼지가 없지만 많은 먼지가 일어나 거울

에 달라붙듯 사람에게 집요하게 달라붙는 먼지를 시인은 어떤 심정으로 바라보고 있을까? 먼지는 "길을 되돌아오지 않는다"는 화두를 던진 시인의 말에 쉽게 공감하기는 어렵지만 먼지가 길을 떠난 후 되돌아올 수 없는 존재론적 절망감에 도달하여 오히려 먼지의 의미와 가치를 구원의 대상으로 바라보고 있는 것으로 현현된다.

길을 떠난 한 참 후
집에 열쇠를 두고 온 걸 생각했다
지금 갈 길이 있어 돌아올 때는 나중 일이다

너에게로 가는 계단을 세지 않았다
가파른 계단을 건너뛰고도
심장은 쉽게 알아차리지 못했다

등이 되었던 것들을 넘어서
다시 내게로 돌아오려 할 때
문은 닫혀 있었고 열쇠는 어디에도 없었다

나를 스쳐가서 아직 그 자리에 있는 곳
되돌아 보면 아직 투명하게 보이는
어제로 가는 길은 어디에도 없다
　　　　　　　-〈길을 되돌아오지 않는다〉- 전문

열쇠는 권위와 사랑을 나타내고 자물쇠는 구속과 억압을 상징한다. 이 시에서 시인은 외출을 위해 집 문을 잠그고, 심장이 알아차리지 못할 정도로 가파른 계단을 건너뛰면서까지 먼지를 일으키며 급하게 서두른 탓에 그에게는 열쇠가 없다. 만남이 끝나고 다시 자신의 보금자리(나에게)로 돌아와 문 앞에 서지만 먼지만 머무르고 있을 뿐 문은 닫혀 있고 열쇠는 없다. 그렇다면 시적화자가 찾고 있는 열쇠는 과연 어디에 있을까?

  애초에 시인이 집을 나올 때 열쇠는 이미 그의 손을 떠났고 그 시점에서 그 집은 시인의 소유가 상실된 것으로 보아진다. 〈길을 되돌아오지 않는다〉는 제목에서 이미 집을 나오기 전에 챙기지 않은 열쇠는 다시 찾을 수 없다는 점을 암시해 주고 있다. 그러기에 여기서 우리가 생각하는 일상의 외출시 열쇠를 두고 온 것으로 이해한다면 이 시는 모순에 빠지게 된다. 권위와 사랑을 상실해 버린 열쇠 없는 시인과 구속과 억압된 방안의 먼지를 비교할 때 무엇이 우월한 것일까? 적어도 이 시를 이해하려면 먼지 같은 존재로 살면서 아무리 문을 잠그고 열어도 인간은 한갓 미물에 불과하며 과거로 회귀할 수 없는 인생의 비애를 살고 있다는 인식이 수반되어야 한다. 마지막 행에서 "어제로 가는 길은 어디에도 없다"는 구절을 보면 충분히 이해가 됨직하다.

  반자동으로 작동하는 세탁기가 삑삑거린다
  뚜껑을 닫으려다 들여다보았다
  하얀 구름 속에 만원 지폐가 둥둥 떠 있다
  분명 나는 빨래와 세제만 넣고 작동시켰을 뿐인데
  세탁기는 많은 돈을 만들어 놓았다
  순간 짜릿하게 지나가는 희열

  바다 속에 가라앉아 무한 소금을 만들어낸다는
  맷돌을 보는듯 했다
      -〈돈세탁〉- 일부

 사람은 먼지를 만드는 동물이다. 그렇지만 우리는 그동안 얼마나 많은 먼지를 일으키며 살아왔는가를 생각해 보는 일은 드물다. 그런 먼지를 털어 내는 것이 청소라면, 먼지를 씻어 내는 것은 세탁이다. 요즘은 먼지를 흡입하는 진공청소기가 있고, 먼지를 씻어 내는 세탁기가 있어 참 편리한 세상이지만 살아있는 것들이 존재하는 한 아무래도 먼지는 사라지지 않는다. 어느 날 시인은 빨래와 세제를 넣고 세탁기를 돌린다. 그러다가 세탁기 안에서 소용돌이치는 구름 같은 물결 속에서 둥둥 떠다니는 만원짜리 지폐를 발견하는 순간 희열을 느낀다.

시인은 그것을 보고 "세탁기가 많은 돈을 만들어 놓았다"는 과장법을 동원한다. 도깨비 방망이를 두드리면 황금이 쏟아지는 것과 다를 바 없는 행운을 보고 짜릿한 황홀감을 느낀다. 결국 세탁기는 시인에게 와서 "바다 속에 가라앉아 무한 소금을 만들어 낸다는 맷돌"로 까지 미화 된다. 가족의 주머니에서 나온 지폐에도 무수한 먼지가 묻어 있겠지만 돈은 깨끗한 자금세탁을 통해 정당성을 확보할 수 있게 된다는 점에서 언어의 중의성도 얼비친다. 먼지는 불의한 대상으로 간주되어 사라져야 할 대상이지만 결코 먼지를 떠나 세상을 살 수 없다는 메시지를 〈돈세탁〉을 통해 접하게 된다.

전반적으로 일상적인 시어의 압축이나 정제보다는 큰 어려움 없이 술술 읽히는 시어를 자유롭게 구사하고 있는 것이 강점으로 보인다. 그것은 난해시가 범람하는 요즘 세태와 견주어 볼 때 눈에 익은 풍경화 속에서 우리의 시선을 사로잡는 새롭고 신선한 풍경을 찾게 되는 것에 비유할 수 있다. 이는 어려운 시를 쉽게 쓰는 것이 더 어렵다는 점을 입증해 보이기라도 하듯 이시인의 시들은 대체로 쉬우면서도 식상하지 않고 시의 무게도 가벼운 듯하면서도 가볍지 않은 매력을 갖고 있다.

### 4. 무거움과 가벼움의 노래

언어에도 무게가 있는 것일까? 시를 읽다보면 무겁다거나 가볍다는 느낌을 갖게 된다고 말한다. 무겁다는 건 지구의 끌어당기는 중력이 강하다는 것이고, 가볍다는 것은 중력이 약하다는 것이다. 그러니까 언어에도 독자들의 마음을 끌어당기는 힘이 강하면 무거운 것으로, 그것이 약하면 가벼운 것으로 정의할 수 있다. 하지만 무겁고 가볍다는 것은 대상이 있어야 하고 상대적인 비교를 통하여 경중을 가려낼 수 있다. 먼지와 솜이 가볍고 바위와 강철이 무거운 것은 아니며, 동일한 수량이나 부피를 비교할 경우 문제의 답이 나오게 된다. 하지만 서양철학은 동양철학에 비해 가볍고, 서정시는 서사시에 비해 가벼우며, 한글은 한문에 비해 가볍다고 한다. 그렇다면 무거운 것이 가벼운 것보다 좋다는 것일까?

형제 많은 가난한 집 못난이
우리집 들어와 지금은 양반된 거라며
드라마에서나 본 듯한 대본 언제 다 외우셨을까

업보인 양 두텁게 나를 덮던 무거운 구름
맑은 날에도
언제 어느 바람이 다시 불러다 놓을지 모를
먹구름 생각 두렵던 나날
　　　　　　－〈전철타고 가신 어머니〉- 일부

　위의 시를 무게로 단다면 가볍다기보다는 무거운 쪽에 속한다. '형제 많은 가난한 집, 못난이, 드라마, 대본, 업보, 두텁던, 무거운 구름, 먹구름, 생각, 전철' 등의 시어만 열거하여도 금세 가벼움과는 멀어진다. 시에 등장하는 어머니는 무거운 세월 속에서 먹구름 같은 생각을 이고 우여곡절의 생을 사신 것이라 추정하기란 어렵지 않다. 인생은 하나의 역사이고 그 역사의 주인공인 어머니가 시의 무게를 쉽사리 가늠하게 만든다.

　아리스토텔레스는 "시는 역사보다 더 철학적이고 근엄하며 더 중요한 무엇이다"라고 말했다. 그렇다면 〈전철을 타고 가신 어머니〉는 삶의 작은 역사이자 한 편의 시이므로 무거운 시로 단정해도 틀린 말이 아니다. 그렇지만 시에 등장하는 '많은 형제, 가난, 못난이, 양반, 무거운, 맑은' 등은 비교대상이 있어야 의미가 명확해지지만 시의 언어라는 것은 완벽한 어휘와 적확한 의미의 배열로 완성할 수는 없다. 그것은 번갯불의 섬광 같은 것이어서 그렇게 분석적인 잣대를 들이댄다는 것은 예술의 존재를 부정하는 꼴이 되고 만다.

　죽어야 멈추는 이름 세월
　죽어도 흐르는 이름 세월
　영원히 지우지 못할 슬픈 별
　세월입니다
　　　　　－〈세월 인양하다〉－ 일부

세월호가 침몰하여 많은 희생자가 발생하였고, 그 후 짧지 않은 세월이 흐르고 있지만 잘 잊어지지 않는 끔찍한 사고로 각인되고 있다. 긴 세월이 흐르면 자연히 잊어지기야 하겠지만 만일 배가 침몰하여 인양이 되지 않은 채 바다 속에 그대로 잠겨 있다면 아무래도 가슴에 남는 상처의 무게는 더 크게 남을 것이다. 시인은 그 감정을

〈세월 인양하다〉로 단순히 세월호라는 선박에 국한하지 않고 "돌이킬 수 없는 역사로서의 세월"로 비유하고 있으며, 무거운 돌이 구르면 더 깊은 자욱이 패인다는 의미를 내포하고 있다. 굳이 해상사고의 슬픔이라거나 세월, 슬픈 별, 인양 등의 시어를 거론하지 않아도 무거운 느낌을 주는 시라는 점에 공감할 수 있을 것이다.

예술은 비교의 대상이 아니라 존재 그 자체이다. 예술작품을 저울로 달아 이것이 저것보다 무겁거나 가벼운 것이라고 미주알고주알 분석하여 숫자로 계량화하는 일은 매우 어리석은 짓이다. 예술이 불가해한 것으로의 탐구인데 그것을 굳이 분석한다는 것은 큰 의미가 없기 때문이다. 시도 이와 같아서 무겁고 가벼움으로 작품을 평가할 수는 없다. 사랑은 가볍고 역사는 무겁다하여 사랑을 경시한다면 사람들의 예술에 대한 관심도는 현저히 떨어지게 될 것이다. 결국 시의 무게와 깊이를 착각하여 그것이 서로 비례한다는 오류에 빠져서는 안되는 이유가 여기에 있다.

## 5. 비교할 수 없는 존재의 무게

시의 언어는 묻혀 있다. 핵심이 묻혀 있어 겉으로 보이는 부분을 전부라고 생각하면 안 된다. 빙산이 그렇듯이 보이는 것은 언제나 일부에 해당할 뿐 보이지 않는 부분이 오히려 더 크므로 숨어 있는 부분에 접근을 하려면 얼마간의 노력이 필요하다. 하지만 달콤하고 가볍고 얄팍한 것을 좋아하는 시대, 무협지나 연애소설처럼 쉽게 머리를 즐겁게 만들어주지 않는데 그것을 누가 좋아할까? 이 시대에는 깊이 생각하거나 난해한 것을 싫어하므로 시를 좋아하는 독자들이 많지 않다. 현대시의 독자는 시인들이 주류를 이루고 있다는 말이 가슴 아프게 닿는다. 그렇다면 무거운 것을 버리고 눈에 잘 보이는 화려한 색깔로 현란하게 유혹하는 글을 써야 할 것인가?

시는 가벼움 속에서 무거움을, 무거움 속에서 가벼움을 담아야 할 일이다. 한쪽으로 너무 치우치다보면 무게중심이 흐트러져 글의 무게와 깊이가 감소된다. A. H. Bremond는 "모든 시 작품은 필수적으로 신비롭고도 통일된 사실성의 존재를 확보해야 한다"고 했다. 현대인들이 기피하고 있는 것과 좋아하고 있는 것 사이에서의 갈

등을 긍정적인 시각으로 보아 줄 필요가 있다. 상상과 예술이라는 공간 속에서의 미학은 상대적인 경중의 비교가 아니라 무게와 넓이와 높이라는 차원에서 더 논해야 될 것이다.

> 세상 아름답지 않은 꽃이 없지만
> 감자꽃만큼 군침 도는 꽃이 있을까
> 밥풀이 손잡고 돌 듯
> 감자꽃 하나 둘 다퉈 피면
> 감자는 분명 땅 속에서 산란 중이다
> 포근한 흙 속에
> 속살 속 비밀 뿌리가 굵어갈 즈음
> 허기는 당분간 마실 중이고
> 성급한 포만감이 목안에
> 굵은 감자알 같은 우물을 판다
> 산비탈 감자밭에
> 하양, 보랏빛들이 수다로 재잘거리면
> 종종걸음으로 달려온 이마에도
> 후후 더운 숨 삼키는 가마솥에도
> 뜨거운 감자바우 바람이 분다
> -〈감자꽃〉- 전문

별다른 설명이 없어도 이 시의 배경은 유년시절 감자

밭이고, 시적화자는 보릿고개가 있던 때의 산골에 사는 단발머리 소녀다. 여기서 감자꽃은 외형적으로 보이는 흰 꽃이나 자주꽃을 피우고 뿌리가 주렁주렁 달리는 내용의 감자밭을 말하기 위함이 아니다. 적어도 유년의 회상 속에 아련히 남아 있는 감자밭은 "성급한 포만감이 목안에/ 굵은 감자알 같은 우물"을 파는 어려운 시절의 허기진 풍경을 떠올리면서도 그 이면에 수다로 재잘거리던 낭만을 그리고 있는 것이다. 그 감자꽃은 지금도 시인의 가슴속에서 하양과 자줏빛으로 피어나 무시로 감자가 익어가는 고향마을의 서정을 자극하는 향수로 자리하고 있다.

세상에는 아름다운 꽃들이 많지만 시인에게는 감자꽃이 특별하게 다가온다. 혹자는 옹이 지고 울퉁불퉁하여 문둥병자 피부처럼 생긴 감자를 악마의 음식이라고도 했지만, 반대로 아일랜드에서는 꽃이 핀 감자밭을 돛달고 가는 배와 아기 낳은 여자를 합하여 3가지 아름다운 풍경으로 예찬하였다. 이 시인도 감자꽃을 "군침도는 꽃"이라 적고 있는데, 보통사람들이 꽃에 대하여 꽃잎과 향기에 이끌렸다면 시인은 미각이미지를 시각화한 독특한 표현이 특별하게 와 닿는다.

"밥풀이 손잡고 돌 듯"에서도 밥풀의 의인화를 통해 꽃이 피는 모습과 궁핍한 시절의 허기를 동시에 그려낸 것은 매우 돋보이는 표현이며, "목안에 굵은 감자알 같은 우물을 판다"에서도 직유법이 도입되었지만 침을 삼키는 표현으로 목안과 감자알과 우물을 동일시한 것이 예사롭지 않게 보인다. 마지막 행에서 "뜨거운 감자바우 바람이 분다"는 구절은 "종종걸음으로 달려온 이마"와 "더운 숨 삼키는 가마솥"을 절묘하게 이어받아 "감자바우 바람"으로 시인의 유월을 훈훈하게 채워 주고 있다. 이 한 편의 시에서 겉과 속을 잘 살펴서 읽다보면 가벼움 속에 무거움이, 무거움 속에 가벼움이 곳곳에 혼합되어 있다는 사실을 발견해 낼 수 있다.

   꽃은 나무에 피어
   나무를 서게 하지만
   계절을 넘겨 나무에 머무르지 않는
   지혜를 닮고 싶음이다

   등선을 오를수록 가시나무 늘어나
   땀으로 얼룩진 살을 찔러대고
   철 지난 꽃들은

아직도 털어내지 못한 집착이어서
삶은 언제나 거친 호흡들

내가 산을 오르는 이유
산이 되고
나무로 살고 싶음이다
　　　　　　　-〈나무로 살고 싶은 이유〉- 일부

　시인에게 꿈이 있다면 시를 잘 쓰는 일일 것이다. 그러나 시인이 시를 잘 쓰고 싶다고 말한다면 그것은 너무 직설적이어서 시인에게 잘 어울리지 않는다. 그런 심경을 이 시인은 〈나무로 살고 싶은 이유〉가 바로 그것이라 대답한 것으로 보인다. 나무는 바람에 쉽게 흔들리지만 가볍지 않고 그렇다고 깊이 뿌리박고 있어 중력에 무관하여 무겁지도 않다. 다만 나무의 존재는 언제나 중심을 잡고 서서 한 번 뿌리 박은 곳에서 생을 살면서 꽃을 피우고 그렇게 꼿꼿이 살다가 가는 것이 어찌 쉬운 일이랴.

　시인은 사춘기적 감상에 젖어 아름다운 꽃길을 걸으며 꿈같은 사랑을 노래하는 존재가 아니다. 천형과 같은 십자가를 짊어지고 고뇌와 환상을 특별하게 그려 내는 영혼의 화가에 가깝다. 그것을 아는 이시인은 올바른 시인으로 살아가기 위해 나무를 동경의 대상으로 삼는다. 진정한 시인이기 이전의 삶은 "꽃이 나무를 서게 한다"는 것이었지만, 지금은 꽃이 떨어지는 나무의 속성을 알고 꽃에 연연하지 않고 그것을 버린다는 것이다. 그리고 종국에는 집착을 털어 내고 나무(시)가 되고 산(시인)이 되겠다는 시인다운 시인의 꿈을 품고 간다는 것은 얼마나 아름다운 생각인가.

### 6. 나가며

한권의 시집을 내기 위해서는 많은 습작과 고뇌의 시간이 지속된다. 수많은 자기와의 싸움으로 이어진 고통의 무게와 일백여 쪽 분량의 얇은 시집의 무게가 같다고 볼 수 없지만 그래도 책으로 엮어 낸다는 것은 기쁜 일이다. "오래 지속되는 고통은 가볍고, 심한 고통은 짧게 끝난다"고 J.G. 색스는 말하고 있다. 시인의 고통은 전자나 후자의 것 어느 것이라도 무방하다. 다만 그 고통을 즐겨야 할 의무가 있으므로, 묶어 냄으로하여 더 가벼워지고 가벼워진 연후에 새로운 작품으로 채워 다시 무거워지는 것을 반복하는 시인들은 고통이 곧 즐거움이 아니겠는가.

금번 이금미 시인의 〈가벼운 먼지들의 언어〉는 그동안 습작한 작품들을 열심히 정리하여 오늘의 시간에 이르고 있다. 그러나 완전무결한 것은 어디에도 존재할 수 없으며, 특히 예술이란 것은 더욱 그러하다. 이 시집에 실린 작품 중에 일부 미숙한 부분이 있을지라도 전반적인 흐름이 가볍지 않으며 가벼운 듯하면서도 무게감이 있으니 누구나 한번쯤 읽어 줄만한 시집이라 추천하고 싶다.

　시는 비교대상이 아니라 생명력을 가진 존재이다. 그러기에 류시화 시인은 "내게 있어서 중요한 것은 시인의 눈을 간직하는 것, 시인의 영혼을 갖고 사는 것이다. 그것이 시인으로서 명성을 얻는 것보다 더 중요하다"고 했다. 머지않은 미래에 나올 3번째 시집에서는 지금보다 더 이 시인만의 반짝이는 눈과 빛나는 영혼으로 엮어낸 시들을 기대하고자 한다. 압축과 긴장미 그리고 새로운 소재에 접근하여 접근보다는 거리두기, 충만보다는 공백을, 개체보다는 전체를, 다 보여 주기보다는 여운과 은폐를 더한다면 〈담쟁이〉와 같이 좋은 시를 더 많이 보게 될 것을 확신한다.

몇 년을 살아야 나무가 되는가
몇 년을 면벽수행하면
스스로 설 수 있는가

벽으로 막아서는 운명
텅 빈 허공을 휘젓는 손짓이 서러워
넝쿨로 누워서
얼기설기 인연의 사유를 엮는다

미풍에 흔들리는 것은
배려를 향한 겸손의 미소일 뿐
어떤 타협도 허락하지 않는다

뜨거운 벽을 기어오르는 것
그 벽의 뼈가 되고 싶은 것은
나를 이름할
그 위에 네가 있기 때문이다
　　　　　　－〈담쟁이〉－ 전문

이금미 시집

## 가벼운 먼지들의 언어

인쇄 2017년 12월 15일
발행 2017년 12월 20일

지 은 이 | 이금미
펴 낸 이 | 윤해순
펴 낸 곳 | **도서출판 예사랑**

등록일자 | 제2-4201호(2005년 7월 21일)
주　　소 | 서울시 구로구 부일로9길 127, 104-405
우편번호 | 08259
전　　화 | 02) 2268-5521
팩　　스 | 02) 334-4010
e-mail : yesarang2005@hanmail.net

값 10,000원

* 잘못된 책은 바꿔 드립니다.

　　　ISBN 978-89-92210-91-1　　　03810

* 이 도서는 광명시의 행·재정 지원을 받아 제작된 도서입니다.